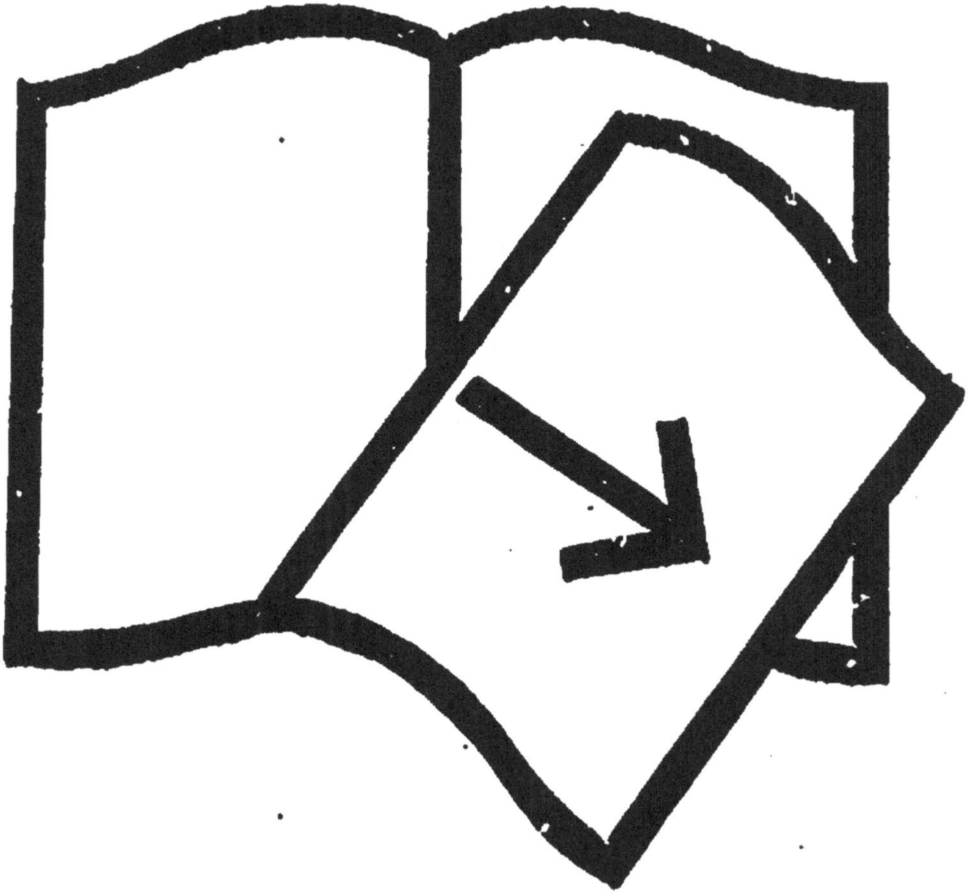

Couvertures supérieure et inférieure
manquantes

MÉMOIRE

SUR LE

LIEU DU SUPPLICE DE JEANNE D'ARC,

Accompagné d'un plan de la Place du Vieux-Marché de Rouen,
d'après le *Livre des Fontaines* de 1525, et de la
reproduction de la gravure d'Israël Silvestre,
représentant l'ancienne Fontaine
de la Pucelle;

PAR

M. CH. DE ROBILLARD DE BEAUREPAIRE.

ROUEN,

A. LEBRUMENT, LIBRAIRE DE LA BIBLIOTHÈQUE PUBLIQUE,
Rue de l'Impératrice, 11.

1867.

Rouen. — Imp. de H. Boissel, rue de la Vicomté, 55.

MÉMOIRE

SUR LE

LIEU DU SUPPLICE DE JEANNE D'ARC,

PAR

M. CH. DE ROBILLARD DE BEAUREPAIRE.

(*Lu dans la séance de l'Académie de Rouen, du 1er Février 1837.*)

A la dernière séance solennelle de l'Académie des Sciences, Belles-Lettres et Arts de Rouen, il a été donné lecture d'un rapport de M. André Pottier sur diverses questions relatives à Jeanne d'Arc et principalement sur celle d'un monument à élever en son honneur.

Ces questions avaient alors, et elles ont encore, à l'heure qu'il est, un incontestable à-propos. Si le rachat du donjon, un instant témoin des préludes du martyre de Jeanne d'Arc, a donné lieu à de grandes divergences d'opinion, le projet de consacrer, par un monument digne d'elle, la gloire de cette héroïne n'a trouvé partout que des approbateurs, et tous se sont ralliés dans une commune pensée, celle de rendre un public et éclatant hommage à l'une des plus pures et des plus touchantes renommées dont notre patriotisme puisse s'enorgueillir.

Notre savant et bien regretté confrère, dont nous n'appréciions pas moins le goût sûr et délicat que la profonde érudition, après avoir rappelé les diverses circonstances qui fournirent à l'Académie l'occasion de manifester ses sentiments à l'égard de la Pucelle, terminait son rapport en exprimant, en votre nom, le vœu qu'on adoptât comme monument l'élégante fontaine qu'on voyait autrefois sur le *Marché-aux-Veaux*, et dont une gravure d'Israel Silvestre, du milieu du xviⁱ siècle, permet de se faire une assez juste idée ; en second lieu, qu'on choisît pour emplacement le *Vieux-Marché*, récemment agrandi et parfaitement propre dans son état présent à recevoir une décoration monumentale.

J'ai sincèrement applaudi, pour ma part, aux conclusions de ce rapport, et le principal objet de ce mémoire est de leur prêter quelque appui, s'il en est encore besoin, en prouvant que le Vieux-Marché, avec les dimensions que nous lui avons connues antérieurement aux grands travaux qui en ont plus que doublé l'étendue et en ont complètement changé l'aspect, fut le lieu du mémorable supplice ; en faisant connaître une description détaillée du monument dont on demande le rétablissement, description faite, cinquante ans avant la publication de la gravure d'Israel Silvestre, par un homme compétent, dont l'exactitude ne saurait être suspectée. Mon sujet m'amènera naturellement à rechercher pour quels motifs, par quelles circonstances le souvenir de Jeanne d'Arc, primitivement consacré par une croix expiatoire dressée sur le lieu même du supplice, conformément à la sentence de réhabilitation, a pu, dans la suite, être attaché à une place voisine connue depuis moins de deux siècles sous le nom de place de la Pucelle (1).

Assez longtemps après l'apparition du poëme de *la Pucelle* et dans les années qui précédèrent la Révolution, un ancien ministre de Louis XV, cédant à des inspirations plus élevées que celles du poëte, se livra à une étude approfondie des deux procès de 1431 et de 1456. L'Académie des Inscriptions et Belles-Lettres s'intéressa à ses recherches, et, sur la demande de cette savante Compagnie, le second magistrat de notre province, M. de Belbeuf, alors procureur général du Parlement de Normandie, ami et parent de L'Averdy, s'empressa de recueillir à Rouen tous les témoignages relatifs à la prison et au supplice de Jeanne d'Arc.

Dans une dissertation publiée dans les mémoires de l'Académie des Inscriptions (*Notices et extraits des manuscrits de la Bibliothèque du Roi*, t. III, 1789), à la suite du célèbre mémoire de L'Averdy, M. de Belbeuf s'efforça d'établir qu'à l'époque de la domination anglaise, les places de *Saint-Eloi*, de la *Pucelle* et du *Vieux-Marché* ne formaient qu'une seule et même place, au milieu de laquelle le bûcher du supplice fut dressé. Plus tard, à une époque indéterminée, une notable partie de cette place aurait été aliénée et couverte de constructions, en sorte qu'il aurait été nécessaire de reporter ailleurs la croix expiatoire qui marquait le lieu de l'exécution. Peut-être une faute de lecture dans un manuscrit a-t-elle été le principe de cette suppo-

(1) Du temps de Farin la place de la Pucelle était encore connue sous le nom de Marché-aux-Veaux. Le nom de place de la Pucelle n'a commencé à prévaloir que dans la seconde moitié du dernier siècle.

sition. M. de L'Averdy parlait de 8,000 hommes de troupes anglaises qui auraient assisté au supplice. C'était toute une armée pour voir mourir une femme, et certainement il aurait été impossible de faire tenir tant de soldats dans cette enceinte resserrée que nous avons connue et dont il faut encore réserver une partie pour l'emplacement de l'église Saint-Sauveur. Le manuscrit, mieux lu par M. Quicherat, n'indique que 800 hommes, et encore ce savant pense-t-il que le chiffre est exagéré et que le texte primitif devait porter VIII XX (huit-vingts) hommes, ce que nous sommes très porté à supposer. La garnison de la ville de Rouen n'était, pour le château et pour la forteresse du Pont-de-Seine, que de 26 hommes d'armes et 108 archers en 1425 ; de 15 hommes d'armes et de 86 archers en 1427, d'après les comptes de la recette générale de Normandie de Pierre Surreau (1).

L'opinion de M. de Belbeuf a été généralement adoptée. On la retrouve dans un rapport de M. André Pottier, lu, il y a quelques années, à l'Académie, sur une proposition de notre honorable confrère M. De Lérue, ayant pour but d'élever un nouveau monument à Jeanne d'Arc. C'est, du reste, le seul point de ce remarquable rapport que je veuille combattre. Je l'approuve complètement dans son ensemble et je lui sais gré de plusieurs résultats, précieux à mon sens, qui ont été récemment obtenus : la protection assurée à l'œuvre de Paul Slodtz, la donation faite à la ville par le gouvernement de la statue de Feuchère, le réta-

(1) Nous avons analysé ces comptes dans une *Étude sur l'administration de la Normandie pendant la domination anglaise*, publiée par la Société des Antiquaires de Normandie.

blissement sur les trois faces de la fontaine de la Pucelle
des nobles inscriptions composées vraisemblablement
par des membres de notre ancienne Académie.

« Il est à peu près impossible, dit M. Pottier, de dé-
terminer aujourd'hui d'une manière positive quel
emplacement occupait cette croix qui devait indiquer
le lieu même du supplice. M. de Belbeuf, qui, vers la
fin du siècle dernier, fut chargé par l'Académie des
Inscriptions de rechercher à Rouen les monuments et
les souvenirs du procès et du supplice de Jeanne d'Arc,
a consigné, à l'égard de cet emplacement, dans le
compte-rendu de ses recherches, quelques renseigne-
ments intéressants, mais dont on ne saurait tirer
aucune conclusion formelle. Ce qui paraît le plus
vraisemblable, c'est que l'îlot de maisons, qui est en-
clavé aujourd'hui entre les trois places de Saint-Eloi,
de la Pucelle ou du Marché-aux-Veaux et du Vieux-
Marché, n'existant pas au milieu du xv⁰ siècle, et ces
trois places n'en formant qu'une seule au milieu de
laquelle s'élevait l'église de Saint-Sauveur, ce dut
être au midi de cette église, c'est-à-dire vers le
centre des maisons dont nous venons de parler,
mais en se rapprochant toutefois de la place actuelle de
la Pucelle, que fut dressé le bûcher. » Plus loin,
M. Pottier indique comme emplacement probable du
bûcher et de la croix expiatoire l'extrémité de la salle
du Théâtre-Français (1).

Dans sa consciencieuse étude historique intitulée :
Jeanne Darc au château de Rouen, p. 99, M. Bouquet

____

(1) *Précis analytique des Travaux de l'Académie impériale de
Rouen*, année 1857-1858, page 294-298.

a reproduit la même opinion qu'il a admise de confiance sans la soumettre à un nouvel examen : « La place du Vieux-Marché ne présentait pas alors l'aspect d'aujourd'hui. Elle ne faisait qu'un avec les places appelées depuis place Saint-Eloi, place du Marché-aux-Veaux, plus tard de la Pucelle, c'est-à-dire que l'îlot, le pâté de maisons qui la sépare actuellement du Vieux-Marché n'était pas encore bâti..... Comme le bûcher se trouvait en face des trois échafauds, ainsi que cela ressort des dépositions des témoins, il est à croire qu'il fut construit à la place actuellement occupée par le Théâtre-Français ou à peu de distance. »

Ce sont vraisemblablement les passages des mémoires de MM. Pottier et Bouquet qui ont donné lieu à la note suivante insérée dans le *Moniteur du Soir*, numéro du 31 octobre 1865. Ce que l'un et l'autre ne proposaient que comme conjecture, l'auteur anonyme de cette note l'énonce comme hors de toute contestation, sans fournir le moindre argument à l'appui de son assertion.

« On vient de jouer sur le grand théâtre de Rouen la tragédie en cinq actes de Soumet sur Jeanne Darc... Ce qui est vraiment singulier et ce qui ne s'est, sans doute, jamais vu sur aucun théâtre, c'est que le dernier acte, l'acte du bûcher est représenté sur le lieu même où il s'accomplit dans la réalité. Le Vieux-Marché, la place de la Pucelle et la place Saint-Eloi de Rouen ne formaient alors qu'une seule place, et le bûcher de Jeanne fut dressé précisément sur le point qu'occupe aujourd'hui la scène du Théâtre-Français. Cette curieuse coïncidence est un fait probablement unique dans l'histoire du théâtre. »

Je le regrette pour l'histoire du théâtre, mais ce fait unique ne saurait être admis. Il suffit, pour s'en convaincre, de remonter au point de départ, à la dissertation de M. de Belbeuf.

En soumettant à un examen attentif l'opinion exprimée par cet éminent magistrat, on voit qu'elle se réduit, en définitive, à une simple présomption, à laquelle on peut opposer une présomption plus forte, et ce qui vaut mieux, des textes positifs.

M. de Belbeuf a conclu que l'espace compris entre les trois places ci-dessus désignées n'était pas bâti en 1431, de ce que les maisons qu'il renfermait, au xviii° siècle, paraissaient être de construction récente; en second lieu, de ce que les personnes auxquelles elles appartenaient n'avaient en leur possession aucuns titres anciens.

A ce compte, je douterais fort, si les archives publiques n'étaient là pour conserver la mémoire des siècles écoulés, qu'il y eût dans la ville de Rouen beaucoup de quartiers auxquels on fût en droit d'assigner une date très reculée. Il ne faut pas exiger des propriétaires la curiosité et le goût des archéologues, et l'on comprend, pour plus d'une bonne raison, qu'ils ne gardent, en fait de papiers, que ceux qui présentent un intérêt positif et pratique.

Ce qui devait plutôt surprendre M. de Belbeuf, en admettant son procédé d'investigation, c'était qu'aucun des propriétaires, par lui consultés, n'eût gardé le titre de l'aliénation qu'il supposait avoir été faite soit par la ville, soit par le Domaine; qu'il n'en fût resté aucunes traces ni dans les archives municipales assez complètes pourtant à partir de la domination anglaise,

ni dans celles des fabriques des paroisses de Saint-
Sauveur, de Saint-Michel et de Saint-Eloi, dont il aurait
fallu régler de nouveau les limites dans cet emplacement
dont chacune aurait eu sa part, ni enfin dans celles
de l'archevêché où il était naturel que le souvenir
de ce prétendu changement fût conservé, l'archevêque n'ayant pu rester étranger à cette question de
circonscriptions paroissiales.

Mais j'ai hâte d'abandonner ce qui n'est que présomption pour en venir aux textes.

Il serait superflu de chercher une mention ancienne
de la place de Saint-Eloi. Cette place, en effet, n'a été
formée qu'assez tard par suite de la suppression de
l'*aître* de la paroisse. Cet *aître*, clos de murs, est encore
figuré sur le plan qui accompagne le premier volume
de l'*Histoire de Rouen*, édition de 1732.

Quant au Marché-aux-Veaux, il est mentionné très
fréquemment comme place distincte du Vieux-Marché
dans des contrats antérieurs au supplice de Jeanne
d'Arc.

La dame de Tancarville habitait en 1309, un hôtel situé
in vico vulgaliter dicto Forus Vitulorum (1). — « Une
maison assise en la paroisse Saint-Michel à Rouen,
aboutant d'un bout au pavement du Roi par devers
le Marché-as-Veaux », pénultième jour de novembre
1353 (2).— « Manoirs as creniaux, assis à Saint-Michel
de Rouen eu Marchié-as-Veaux, baillé par Girauld
Thomas à madame Isabel de Marregny, dame de Bois-
guillaume et à madame Marie d'Aussy, sa fille, pour

(1) *Arch. de la Seine-Inf.* F. du comté de Tancarville.
(2) *Ibid.* F. de la paroisse Saint-Sauveur.

30 francs d'or, avec réserve pour ledit Giraud d'une chambre au jardin près de l'étable », 1365 (1). — « Maison et célier en la paroisse Saint-Michel, entre la rue du Merrien (prolongement de la rue de la Vicomté) et le Marché-aux-Viaux », 4 mai 1377 (2). — « Pavement du Marchié-aux-Veaux » ; 1382. — Même indication en 1427 (3).

On ne peut soutenir que sous le nom de place du Marché-aux-Veaux, on désignât une partie du Vieux-Marché. Cette place, en effet, qui n'est guère connue que depuis le siècle dernier, sous le nom de la Pucelle, communique par une rue avec celle de Saint-Eloi, par une autre avec celle du Vieux-Marché. Or, ces deux rues se trouvent signalées dans les comptes du *Clerc de ville* du chapitre de la Cathédrale de Rouen.

Compte de 1431 (Les rentes perçues par le chapitre y sont présentées par ordre de paroisses): « *Parochia S. Eligii... in vico Mercati ad Vitulos*, » et pour qu'on voie bien qu'il s'agit ici de la rue conduisant de Saint-Eloi au Marchié-aux-Veaux, on y place une maison occupée par Jean de Gueuteville faisant le coin de la rue Herbière.

Le compte du *Clerc de ville* de 1408, mentionne, d'autre part, comme existant sur la paroisse de Saint-Michel, le Vieux-Marché devant les halles, la rue aux

(1) *Tabellionage de Rouen.* Reg. 2, f° 157.

(2) *Arch. de la Seine-Inf.* F. de la paroisse Saint-Sauveur.

(3) *Tabellionage de Rouen*, Registre I, f° 154, Reg. 22, f° 355. — Dans la même collection à la date du 18 février 1421 (v. s.), mention de deux tenements « avec une venelle ou entrée qui aboute au pavement du Marchié à Veaulx... à l'enseigne du Dauphin. »

Veaux, et l'aître ou cimetière de Saint-Michel (1). Il est visible que cette rue aux Veaux ne peut être que cette petite rue qui unit le Marché-aux-Veaux au Vieux-Marché.

L'existence de rues qui mettaient en communication l'*aître* de Saint-Éloi, le Marché-aux-Veaux, le Vieux-Marché ne peut se concilier avec l'hypothèse de M. de Belbeuf, et ce que nous venons de dire suffirait à la rigueur pour montrer combien elle est peu fondée.

Cependant, pour ne laisser aucun doute sur ce point, je demande la permission de citer quelques actes qui nous montrent l'ilot, où se trouve actuellement le Théâtre-Français, couvert, au xve siècle, de maisons et d'hôtels, dont quelques-uns étaient encore reconnaissables, par leurs enseignes, à une époque rapprochée de la nôtre.

Un mémoire antérieur à 1450, mentionne une rente due aux religieux de Saint-Lô « par l'amoural du Plexis sus une partie de maison qu'il avait fait faire de nouvel devant les halles du Viel Marché du costé devant l'église Saint-Michiel en venant du Marchié aux Viaulz (2). »

Le 12 avril 1442, avant Pâques, Jacqueline la Tréfilière vendit à Regnault Dumont « une maison, édifices, le fonds de la terre, ainsi qu'il est assis en la paroisse Saint-Michel, borné d'un côté à l'amoural du Plesseys,

(1) *Arch. de la Seine-Inf.* F. du chapitre de la Cathédrale. Le *Clerc de ville* était le receveur des rentes que le chapitre de la Cathédrale de Rouen avait droit de percevoir sur certaines maisons de la ville de Rouen, par suite d'anciens contrats de fieffe.

(2) *État des rentes appartenant au prieuré de Saint-Lô de Rouen,* composé entre les années 1440 et 1450. *Ibid.,* F. de Saint-Lô de Rouen.

d'autre costé Guillaume de Maromme, d'un bout, par devant, au pavement tendant du Marchié aux Veaux au Vieux Marchié (1). »

Cette maison de l'*amoural* du Plessis est importante à noter, parce qu'elle faisait le coin du Vieux-Marché devant l'église Saint-Michel dont la position est parfaitement connue. Il l'avait achetée d'un nommé Martin de Courcelles le 5 septembre 1420. Elle était à l'enseigne de la Harpe (2).

Au-delà, tout à côté, était un hôtel à l'enseigne du Chaudron, enseigne encore connue il y a peu d'années. Il appartenait, le 8 août 1420, à Godefroy Dureaume, qui le fleffa le 18 février 1433 (v. s.), à Elyot de Brécy. Ce dernier céda ses droits à Jean Daubœuf et à Jean Campion le 19 mars 1434 (3). Comme l'hôtel de la Harpe, l'hôtel du Chaudron était situé en face des halles.

Il n'était séparé que par un petit corps de logis de l'hôtel des Balances, dépendant du prieuré de Saint-Paul, loué le 6 mars 1409, par les religieuses de Mon-

(1) *Tabellionage de Rouen*, à la date indiquée. Nous devons la communication de ce contrat et de plusieurs autres, à l'obligeance de M. Gosselin, archiviste du Palais-de-Justice et de la Chambre des notaires.

(2) *Ibid.* à la date indiquée.

(3) *Ibid.* aux dates indiquées. « Maison tenement à deux pignons sur rue, celiers, édifices et le fonds de la terre ainsi, etc...où pend l'enseigne du Coderon assis en ladicte paroisse Saint-Michel, d'un costé l'amourat du Plesseys à cause du tènement de la Harpe, d'autre costé Pierre Fresel, d'un bout par derrière lédit du Plessels et maistre Baude de Maromme et d'autre bout par devant ce pavement du Roy notre sire devant les halles du Vieux marché. » Contrat du 18 février 1433. (V.S) aux feuillets 346 v°, 347.

tiviliors, à messire Raoul Cavelier, curé de Car-
ville (1).

Plus loin était l'hôtellerie du Bœuf, indiquée sur le
plan de Jacques Le Lieur, de 1525, et qui paraît occuper tout ou partie de l'emplacement du Théâtre-Français. Clément Bourse, lieutenant-général du bailli de
Rouen, y fut assigné, à l'instance de l'archevêque le
cardinal de Luxembourg, le 7 février 1437 (v. s.) (2).

A peu de distance de l'hôtellerie du Bœuf, entre
l'hôtel du Cigne et celui des Connins, et toujours du
même côté de la place, était une maison à l'opposite de
l'église Saint-Sauveur, ayant issue par derrière devant
l'église Saint-Éloi. Cette maison, achetée par Jean
Marcel, changeur de Rouen, de Guillaume de Gaugy,
fut donnée par lui à Etienne Marcel, autre changeur,
le dernier septembre 1424 (3).

Il me serait aisé de multiplier ces citations, d'établir,
à l'aide des actes du tabellionage, la liste des maisons
qui entouraient le Vieux-Marché, avec l'indication de
leurs propriétaires et de leurs enseignes ; mais ce serait
prendre une peine inutile. J'en ai dit assez pour prouver
que l'emplacement où l'on a voulu mettre le bûcher de

(1) *Tabellionage de Rouen*, contrat du 8 août 1420.

(2) *Arch. de la Seine-Inférieure*, G. 1352 « Je me transportay
en l'ostel où pend l'enseigne du Bœuf, assis au Viel Marché à
Rouen, auquel lieu je trouvay Climent Bourse, lieutenant général de Mons' le Bailli. » L'hôtel du Bœuf est fréquemment cité
dans les comptes de la paroisse de Saint-Sauveur : 1584—1585 pour
la sépulture d'un corps du Bœuf ; — 1591-1592, pour la sépulture
d'une femme qui demeurait au Bœuf ; — 1593-1595, pour la sépulture de Madeleine Lavendiere qui se tenoit au Bœuf. *Arch. de la
Seine-Inférieure*, F. de Saint-Sauveur de Rouen.

(3) *Tabellionage de Rouen*, contrat du 18 juillet 1437.

Jeanne d'Arc était couvert de maisons, tout comme aujourd'hui, à l'époque du supplice.

Ce point admis, il nous sera aisé de démontrer que le
supplice n'a pu avoir lieu sur la place du Marché-aux-
Veaux. Pour cela nous n'avons qu'à interroger les actes
du procès. Mais auparavant rappelons qu'à l'un des
bouts du Vieux-Marché, vers les rues du Vieux-Palais
et de la Pie, était située l'église de Saint-Sauveur. Elle
était entourée du côté de la place par un cimetière, où
le curé de la paroisse obtint, en 1621, d'Anne du
Buisson, vicaire général de Mgr de Harlay, l'autorisation de construire des boutiques, afin d'augmenter les
ressources de la fabrique (1) et sous le mur duquel une
fontaine avait été placée dans les premières années du
xvie siècle. Cette église était orientée suivant l'usage

(1) L'acte de concession faite par la fabrique au curé constate
que le cimetière était tourné du côté de la place. Je crois intéressant de citer quelques lignes de ce document : « Comme
discrète personne maistre Jehan Pepin, presbtre, curé de la paroisse de S. Sauveur de Rouen, eust remarqué l'incommodité et
distraction que luy, ses chappellains et parroissiens reçoivent
en la dicte église de S. Sauveur par le tumulte, les contestations
des parolles et contentions violentes qui s'excitoient, blasfesmes,
injures et salletés qui se proféroient, potulances, insolences et
immondices qui se commetoient mesmes dans le cimetière de la
dicte église du costé du Vieil marché duquel l'on ne pouvoit
estranger les vendeurs, achapteurs et autres personnes en grand
nombre qui s'y trouvoient en divers jours de la sepmaine, outre
les enfants et servantes qui s'y rendoient à toute heure, et que
pour aporter quelque remède à l'irrevérence et indévotion
qui en résultait, en ayant conféré avecq les trésoriers de la dicte
parroisse et faict offre de bastir à ses dépens dans le dit cimetière unse boutiques avec une chambre en pavillon pour en jouir
sa vie durant et après son decedz les laisser en pleine propricté
au trésor... » Offre acceptée, 23 mai 1621. *Arch. de la Seine-*

liturgique. Sa façade était à peu près parallèle à la rue du Vieux-Palais prolongée, et son chevet était tourné du côté de la rue de la Grosse-Horloge.

Ce fut près de cette église, vraisemblablement dans le cimetière même, que fut dressée l'estrade sur laquelle se placèrent les juges quand ils prononcèrent la fatale sentence qui livrait la Pucelle au bras séculier.

L'acte de condamnation l'indique clairement :

« *Deinceps , circa horam nonam de mane ejusdem diei, nobis judicibus... exsistentibus in Veteri Foro de Rothomago prope ecclesiam S. Salvatoris.* »

Le bûcher était placé de manière à ce que de cette estrade et d'une estrade voisine de celle-ci, où se trouvaient les prélats, on pût l'apercevoir, puisque quelques-uns des ecclésiastiques, présents à la sentence de condamnation, se hâtèrent de descendre et de s'éloigner pour ne pas voir le supplice.

Déposition de Jean de Mailly, évêque de Noyon :

« *Fuit præsens in ultimo sermone, die qua fuit combusta, et erant ibidem tres ambones seu escharfaux gallice, videlicet unus ubi erant judices, et alius ubi erant plures prælati, inter quos erat ipse loquens, et unus ubi erant ligna*

Inférieure. F. de la paroisse S. Sauveur. — Par l'autorisation du vicaire général, du 26 avril précédent, on voit que ces boutiques devaient occuper une longueur de 120 pieds et avoir 11 pieds de haut non compris le comble. Il est à présumer que ce fut dans ce cimetière ou *aître* que fut prononcée la sentence qui livrait Jeanne au bras séculier. En général, on choisissait pour ces sortes de condamnations, qui étaient des actes de juridiction ecclésiastique , un territoire consacré. La première sentence contre la Pucelle avait été prononcée en l'*aître* de Saint-Ouen. Le plus souvent on faisait choix de l'*aître* ou cimetière de la Cathédrale.

parata ad comburendum eamdem Johannam... Illotunc recessit ipse loquens nec voluit videre cremari eamdem Johannam. »

Déposition de Thomas de Courcelles, l'un des juges :

« Fuit præsens in ultima prædicatione facta in Veteri Foro,... non tamen vidit eamdem Johannam cremari, quia illico, facta prædicatione et lata sentencia, recessit. »

Déposition de Pierre Miget, prieur de Longueville-la-Giffard :

« Ita se habebat (Johanna) quod quamplures multum dolebant, et ipse loquens eam non potuit videre ; imo recessit, pietate motus usque ad fletum, prout et plures ita fecerunt et maxime dominus episcopus Morinensis, dum obiit, cardinalis Morinensis (le cardinal dé Luxembourg).

Consultons maintenant le plan du livre des Fontaines de Jacques Le Lieur, des années 1524-1525, plan qui acquiert une grande importance pour l'objet qui nous occupe, du moment qu'on a abandonné l'hypothèse de M. de Belbeuf. (1)

Nous le reproduisons à l'appui de ce mémoire, d'après un calque qu'a bien voulu faire pour nous notre ami M. Paul Baudry (2).

(1) Voir ces dépositions dans les actes du procès de réhabilitation publiés par Jules Quicherat : Tome III, p. 53, 56, 129.

(2) L'échafaud est déjà indiqué comme existant au Vieux-Marché du côté de l'église de Sainte-Marie-la-Petite, dans une charte de 1233. *« In toto tenemento Stephani de Vilers quod est ante piloricum. »* Ce tenement, appartenant en novembre 1271 à Amaury de Vilers, est indiqué, dans une autre charte de cette année là, comme donnant sur la rue de Sainte-Marie-la-Petite *« aboutal ad vicum Beate Marie Parve. »* Au siècle suivant, cette rue prit le nom de rue de la Prison.

Ce plan représente le Vieux-Marché avec trois édifices d'un genre très différent : l'église dont nous connaissons la position, — les halles de la boucherie vers l'angle oriental de la place du côté de la rue qui mène à la Grosse-Horloge, — l'échafaud vers le milieu de l'espace vide, à peu près en face de la rue de la Prison.

Ces halles et cet échafaud étaient là bien avant l'époque où Jacques Le Lieur rédigeait son travail, moins dans l'intérêt de sa réputation, bien qu'en sa qualité de poëte il dût s'en soucier, que dans l'intérêt de la ville dont il était un des échevins. On en trouve la mention formulée dans un compte de la vicomté de Rouen de l'année 1431. Nous rapporterons quelques extraits de ce document dont nous avons publié la partie principale dans les mémoires de l'Académie(1).

« A Ollivier Deshays, charpentier, pour avoir fait en ce présent mois de septembre iiiie-xxxi, ung petit escharfaut carré... ordonné estre faict audit Vieil-Marché pour l'exécution de la justice du Roy... par manière de provision, attendant un autre grigneur escharfault qu'il conviendra faire au lieu d'icellui qui par avant y estoit.

« A Jehan Laurens, charpentier à Rouen, pour avoir faict et assis au dit Vieil-Marché ung escharfaut tout neuf pour illec exécuter les condamnés par justice, ainsi qu'il est accoustumé faire, lequel escharfaut contient xiii piez de long, xiii piez de lé et ix pieds de hault... icelluy avoir clos tout à lonc de bois, afin que les chiens et autres bestes ne puissent attoucher au sang des

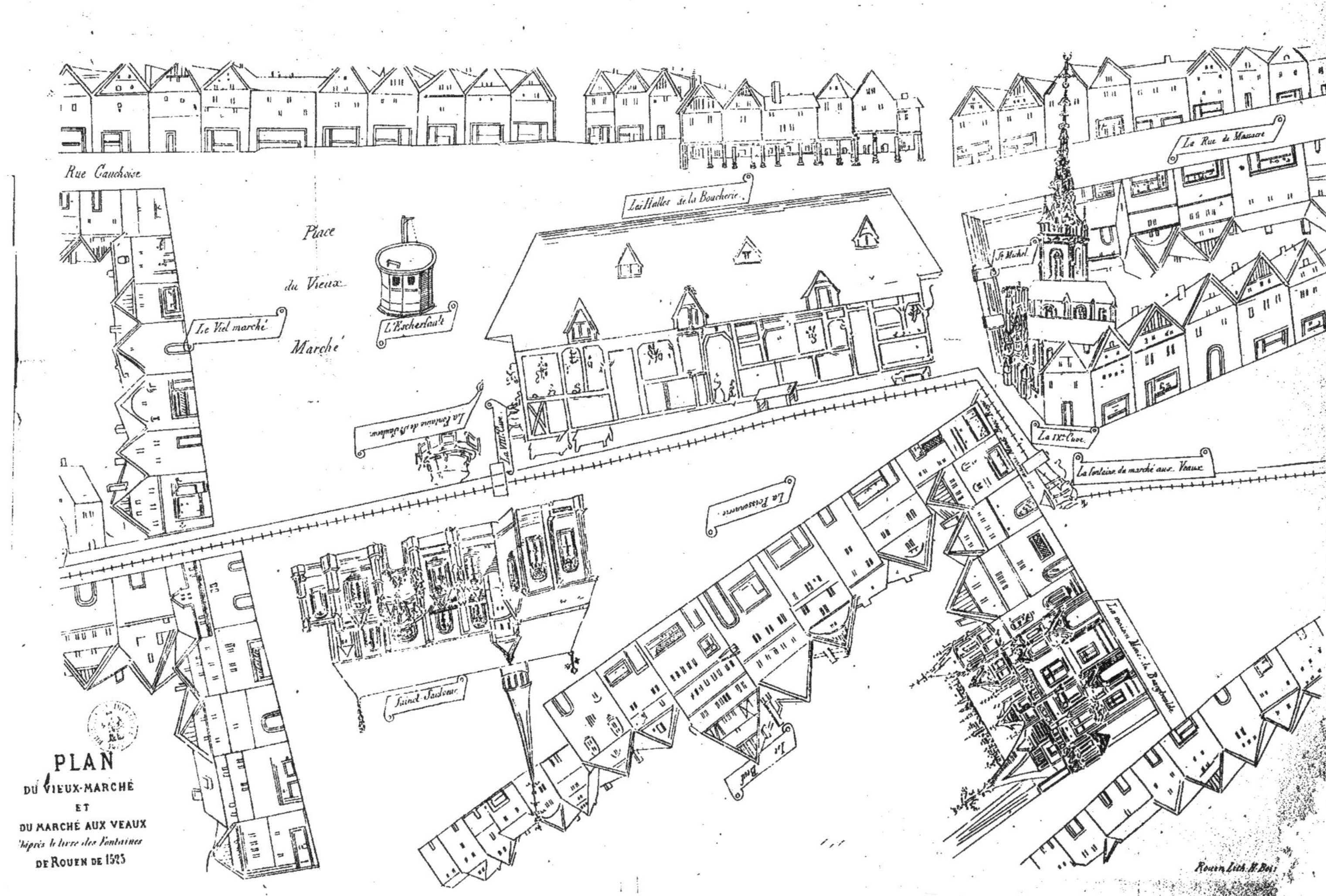

PLAN
DU VIEUX-MARCHÉ
ET
DU MARCHÉ AUX VEAUX
d'après le livre des Fontaines
DE ROUEN DE 1525
Rouen Lith. H. Bei.
Rue Cauchoise
Place
du Vieux
Marché
Le Viel marché
L'Escherlau't
Les Halles de la Boucherie
La Rue de Massacre
St Michel
La IX.e Cuve
La Fontaine du marché aux Veaux
La VIII.e Cuve
La Fontaine de St Sauveur
La Poissonnerie
Sainct Sauveur
Le Bret
Les maisons Mauri de la Bourgeoisie
0 1 2 3 4 5 6 7 8 9 10

exécutiez qui chiet dans une fosse dessous icellui escharfaut.

« A Jehan Lemesle, couvreur de thuille, pour avoir restouppé et reparé plusieurs trous et cassures qui naguères avoient été faictes en la couverture des halles au bout devers l'eschelfault, iceux trous et rompures advenuz à l'occasion des establies illec faictes pour prescher Jehanne qui se disoit la Pucelle. »

Lors même que le défaut d'étendue de la place au midi de l'église de Saint-Sauveur ne nous indiquerait pas qu'il faut reporter la scène de l'exécution au nord de cette église, cette citation nous y obligerait. La position de l'estrade de Nicolas Midi, au bout des halles, du côté de l'échafaud, s'accorde parfaitement avec celle de l'estrade des juges au chevet de l'église Saint-Sauveur, et nous force d'admettre que le supplice de la Pucelle eut lieu sur la place ordinaire des exécutions. Là, sur le fatal bûcher, elle a pu être aperçue des juges placés près de Saint-Sauveur, d'une foule considérable stationnant non-seulement sur le Vieux-Marché, mais dans les rues Cauchoise et de la Prison.

Le Vieux-Marché se présente donc naturellement comme emplacement du monument à élever, et l'on peut être assuré que la position qui lui sera assignée sur cette place, en ne consultant même que la symétrie, ne s'éloignera guère de l'endroit où fut dressé le bûcher.

Il nous reste à faire connaître quelle était cette fontaine dont on désire aujourd'hui le rétablissement. M. Pottier en a tenté la description d'après la gravure d'Israel Silvestre, sur laquelle il a, je crois, appelé le premier l'attention(1), et il en a déterminé, avec sa sagacité habituelle, la date et les principaux caractères. Cette description peut être contrôlée et complétée par une autre, sinon parfaitement correcte au point de vue du style, au moins suffisamment claire, faite en 1604, d'après le monument existant, par Pierre Hardouin, maître peintre et sculpteur de la ville de Rouen. Elle est comprise dans un procès-verbal de l'état des fontaines monumentales de Rouen, dressé par cet artiste sur la demande des conseillers municipaux.

On me permettra de citer *in extenso* ce précieux document :

« La fontainne du Marché aus Viaux est un cors basty sur unne figure ronde. Le domme est porté sur troys pilliés romps et un apuy sur le cercle consentrique faict de douves, c'est à dire de pierres partiqullères qui ont la forme d'un piedestat ou stillobaste qui faict retour au droyt des pilliés et la cornise ; à l'une des douves yl i a unne grande écornure qu'il convient racoutrer d'une piece mise posé en engresement par les deus bous dedens la dicte ebrechure et bien mastiqée, voynée, gougonnée de fer et coullée avec du plont fondu. Les pilliés sont roncts et sont ornés de chapitiaux, comme tout l'ouvrage d'une mode qui a esté apellé françoyse, leqés chapitiaux sont biaucoup gatés, les ouvrages s'étant à la plus part effacés par l'ingure du temps que la pierre s'est mangée de l'er ; les faut racoutrer au mieus que l'on poura.

(1) La gravure d'Israël Sylvestre était devenue d'une extrême rareté. Un artiste distingué, M. Louis de Merval, en a fait une reproduction d'une fidélité irréprochable, et a bien voulu, avec sa libéralité ordinaire, nous permettre d'en orner ce mémoire.

Place de Rouen ou les Anglois ont fait
mourir la Pucelle d'Orleans.

« Et sur ces troys pilliés est posée unne cornise gair-
nie de sa frise et arquitrave, de la dicte mode, laqelle
est écornée en pluseurs lieus; la covient racoutrer et
remestre des pièces aus susdites écornures et les ra-
corder aus mesmes ouvrages.

« Au desus de ses troys pilliés sont troys piés d'estat
qui sont ellevés justement sur les pilliés rons cy
cepecifiés, et sur yceus piés d'estat des mannierres d'a-
mortisemens, qui sont d'ouvrage apellés de poterie, où
sont plantés au haut d'un chaqun unne figure qui
représentoyt, à mon advis, les preude femmes. Ces troys
femmes ont les testes et les mains rompus qu'il faut
racoutrer de testes et mains et des marqes qu'il tenoyt
en leurs mains pour reconnoysance de leur vertu et
prouese, comme à Juheib (Jahel) un maillet et un clou
dont elle perça la tête d'Isara (Sisara), à Judit la teste
d'Ollofernes et à toutes les autres en ensuyvant.

« Entre se dis setillobastes ou piés d'estaus estoy
apliqés sur la cornise au nu de la frise une manière de
couronne faicte à ouvrage percé à jour, de formes de
Serainnes qui tenoyt en leurs mains des equsons des
armoyris de France, Normandie et Rouen, leus queus
faisoyt un enroullement de feullage percé à jour,
comme il se voyt à troys pieces qui sont demeurés
entières de manière qu'il en faudroyt encorre ferre
troys autres et remaçonner les autres qui sont encorre
sur le lieu hors de leur place.

« Au millieu dudit domme est ellevée unne manière
de lanterne, encorres de figure ronde, avec paraillement
troys pilliés et unne cornise et dome, et sur ces pilliés
il i a paraillement de ses amortisemens de poterie
où sont plantés encorres troys figures pour amortise-

ment, de paraille forme que les autres ; les faut ausy
referre des testes et mains et instrumens de remarqe ;
faut ausy racoutrer cornises qui sont ebrechés en plusieurs lieus et dedens la dicte lanterne est la figure de
Jane la Pucelle laqelle a unne main et le front gacé, la
faut racoutrer comme ausy des frontispices qui sont
sur la susdicte cornise de ceste lanterne.

« *Item*, au desus ce est colloqée unne autre petite
lanterne, encorres de figure ronde, qui a encorres troys
pilliés, et dedens unne figure qu'il faut encores revestir
et racoutrer ce qui est rompu de une des mains et de
la teste ; et au desus du domme au pinacle y avoit unne
figure de qelge roy ou autre qui est entierrement rom-
pue, et partant en faut faire une toute entière tout de
neuf qui cera asyse avec un bon gougon de fer coullé
en plon ainsy que sont les autres. Il faut regrater toute
l'ouvrage et rafraychir les joyains pour les joyainter
de bon syment aus dejoyaintures qui sont entre les
plommures et la pierre et tous les racoutrages ce feront
de bonne pierre de Vernon, les pièces adjouttés de
noviau seront assises avec de bons gougons de fer et
mastiqés avec du bon mastic à feu.

« La faillira puis après reblanchir de blanc de plonc
paint à uylle, après avoyr été bien inprimé de bonne im-
primure à uylle faict de blanc de plonc et minne et ocre
jaune, et sur icelle inprimure blanchir deux fois de bon
blanc de plonc à huylle et rebronser le qul de lampe
aincy qu'il a été autrefois (1). »

J'abandonne l'interprétation de cette pièce aux ar-
tistes à qui pourra être confié le travail de rétablisse-

(1) *Archives de l'Hôtel-de-Ville de Rouen.*

ment en question. Je me bornerai à une simple
remarque. M. Pottier avait supposé, d'après le style
même de la fontaine de la Pucelle et aussi d'après le
témoignage de Du Lys, que ce monument était autrefois
surmonté d'une croix. Le texte que nous venons de
citer contredit cette supposition. Suivant Hardouin,
il y aurait eu, au sommet et comme couronnement de
l'œuvre, la statue de *quelque roi*, de Charles VII, sans
doute. M. Pottier invoque à l'appui de son sentiment
la fontaine de la Croix-de-Pierre, terminée en effet
par une croix. Une considération prête une singulière
force à l'opinion contraire de Hardouin. Lorsque ce
sculpteur rédigeait son devis, en 1604, cette fontaine
avait perdu sa croix, et ce fut lui qui demanda qu'on la
rétablît, se fondant sur le caractère du monument. Il
faut donc admettre que pour couronner d'une manière
différente le monument de la Pucelle, il avait sous les
yeux certaines indications dont nous sommes privés,
nous qui n'avons à notre disposition qu'une gravure
plus ou moins fidèle.

Quelques uns ont cru que l'ancienne fontaine du
Marché-aux-Veaux remontait au règne de Charles VII,
et qu'elle avait été élevée en vertu même de la sentence
de réhabilitation. M. Pottier a démontré d'après les
caractères de l'architecture, mieux connus, mieux ap-
préciés qu'ils ne l'étaient au siècle dernier, qu'on ne
saurait lui assigner une date antérieure à l'époque de
la Renaissance. Il a, de plus, fait observer que cette
fontaine n'existait pas en 1525, puisque le plan de
Le Lieur, si utile à consulter pour tout ce qui concerne
le cours et la décoration des fontaines, ne l'indique pas.

Ce qui me reste à dire vient à l'appui de l'opinion

de M. Pottier, et achèvera de convaincre ceux que les raisons tirées de l'archéologie laisseraient encore indécis.

La fontaine du Marché-aux-Veaux n'existait pas, et ne pouvait exister dès la seconde moitié du xv⁰ siècle par cette raison péremptoire que ce ne fut que dans les premières années du siècle suivant qu'on songea à faire venir l'eau sur les places du Vieux-Marché et du Marché-aux-Veaux.

A cette époque de prospérité exceptionnelle pour le pays, dont on fut redevable au gouvernement éclairé et véritablement paternel de Louis XII, une des plus grandes préoccupations de l'administration municipale fut, comme de nos jours, la question des fontaines publiques. Le digne ministre de cet excellent roi, le cardinal Georges d'Amboise, avait donné l'exemple et l'impulsion. Ayant conçu le projet d'amener à Rouen les eaux de la source de Saint-Jacques-sur-Darnétal, il avait déterminé, non sans quelque difficulté, les conseillers de la ville à contribuer pour moitié aux dépenses de cet important travail. Par là, tout un quartier s'était trouvé pourvu de la quantité d'eau nécessaire à ses besoins. Le succès de cette entreprise fit songer à procurer le même bienfait au quartier Cauchoise par le détournement des eaux de la fontaine Saint-Filleul. On s'en occupa dès l'année 1505, comme on le voit par le devis suivant qu'il me paraît encore utile de rapporter dans toute sa teneur :

« Ce jour d'uy, xix⁰ jour de juing mil cinq cent cinq, nous Roullant Le Roux, Jehan Du Moucel, ouvreurs des mestiers de maçhonnerie et charpenterie pour la ville de Rouen, Pierres Vallencé, maistre et ouvrier du mestier de menuyserie et plusieurs aultres ouvriers avons esté ce dit jour par le commandement de Messieurs les conseillers de la ville de Rouen veoir la source de la Fontaine Saint-Fileul, savoir se icelle fontaine pourroit venir pour servir au Viel-Marché et en autres lieux dedens la ville de Rouen. Nous desus nommés avons nyvelé depuis la dicte fontaine jusques sur le plus hault du pavement du Viel-Marché devant l'église Saint-Sauveur de Rouen, et avons trouvé par le dit nyvelaige que le desus de l'eaue de la dicte fontaine, ainsi que la dicte eaue, est à présent plus haulte pié et demy que n'est le plus hault du pavement dudit Viel-Marché.

Item, depuis le desus de l'eaue de la dicte fontaine jusques sus le plus hault du pavement du Marché aulx veaulx devant le Sépulcre, le desus de l'eaue de la dicte fontaine est plus haulte viii piés et demy à toise que n'est le plus hault du pavement dudit Marchié aulx Veaulx. Toutes ces choses veues pour avoir la congnoissance de la source de ladicte fontaine, ilz nous semble que l'en devroit au desus de ladicte fontaine faire des trenchées et ensuyvre l'eaue pour savoir se le cours de ladicte eaue vient point de plus hault qu'elle ne chiet à présent dedens ladicte fontaine. Car se ladicte source venoit de plus hault se seroit toujours à l'avantage des fontaines que l'en veult faire venir dedens ladicte ville de Rouen, parquoy il seroit bon y faire un essay. *Item*, quant l'eau de ladicte fontaine ne monteroit non plus hault que elle fait à présent nous peult licitement faire une belle fontaine dedens ledit Marchié aux Veaulx *Item*, se l'en veult faire une autre fontaine au plus hault lieu du Viel-Marché il seroit besoing

abesser ledit pavement car ladicte fontaine ne monte
que pié et demy au dessus dudit pavement et y
devaller à trois ou quatre marches, ou il seroit besoing
la tirer près la *croix du cimetière de Saint-Sauveur*, car
le pavement d'auprès ladicte croix est beaucoup plus
bas que n'est l'autre pavement; parquoy il nous semble
en faiant ces choses que l'en pourroit bien faire une
fontaine, maiz elle ne seroit pas de telle haulteur que
seroit celle dudit Marché aulx Veaulx. Nous desus
nommez, à nos advis et consciences, avons nyvelé
ladite fontaine le plus loyaument et le plus justement
que nous avons pu, et avons trouvé les pentes de la
dicte fontaine, ainsi que desus sont dictes, et si avons
mesuré quante toises il luy a depuis la dicte fontaine
Saint-Fileul jusquez aux halles du Viel-Marché. Nous
avons trouvé d'espace entre la dicte fontaine et ladicte
halle viie lxxiiii. toises de longueur, et depuis le bout
de ladicte halle vers Saint-Sauveur jusquez au lieu ou
seroit assise ladicte fontaine dudit Marché aulx Veaulx il
luy a d'espace lx toises ou environ. Et en tesmoing
de ce nous desus nommés avons signé ce présent raport
de nos saings manuel cy mis l'an et jour desus dit.
  Signé : Roul. Le Roux. Jehan Dumoucel.
  Vallence. (1).

Ce procès-verbal présente ceci de remarquable qu'il
ne mentionne aucun monument sur le Marché-aux-
Veaux et qu'il indique clairement le motif qui fit pré-
férer cette place à celle du Vieux-Marché pour l'érection d'une fontaine monumentale. Le motif fut tout
simplement une différence de niveau entre ces deux

(1) *Archives de l'Hôtel-de-Ville de Rouen.*

places et la possibilité de faire monter l'eau plus haut
sur la première que sur la seconde.

On s'en rapporta à l'avis des experts. Lorsque, une
dizaine d'années après, on amena à Rouen les eaux de
la fontaine Saint-Filleul, on fit la *belle fontaine* au Marché-aux-Veaux, et l'on se contenta d'une fontaine sans
ornements au Vieux-Marché.

La ville profita de l'occasion, que lui fournissait
l'érection de cette fontaine monumentale, pour rendre
un hommage public à la mémoire de la Pucelle. La
pieuse héroïne fut représentée debout à l'étage supé-
rieur de cet élégant édicule.

Jusque-là, une simple croix de pierre avait marqué
le lieu du supplice. Je suis porté à penser qu'elle n'occupa jamais l'emplacement même du bûcher, et qu'elle
n'était autre que cette croix mentionnée dans le procès-verbal de Rouland Le Roux, de Dumoucel et de
Valence que nous venons de faire connaître. Cette
croix, sous laquelle ces experts proposaient de faire la
fontaine du Vieux-Marché, devait se trouver, à en juger
d'après l'emplacement assigné à cette fontaine sur le
plan de Le Lieur, au-dessus du mur qui séparait le cimetière de Saint-Sauveur de la place du Vieux-Marché.

Il était donc exact de dire qu'elle était sur le lieu où
l'inique sentence avait été exécutée et que la volonté des
juges de la réhabilitation avait été respectée. Je ne crois
pas qu'on puisse prétendre qu'ils en eussent exigé davan-
tage et que leur désir fût que la croix marquât d'une
manière précise l'emplacement du bûcher. Mais, lors
même que ces juges, qui étaient des juges ecclésiastiques, l'eussent voulu, je ne crois pas que les gens du Roi
l'eussent permis, et voici la raison qu'on peut alléguer.

Dans l'érection d'une croix, nous ne voyons aujourd'hui qu'un acte de piété ; il n'en était pas de même autrefois. Pendant tout le moyen-âge et même pendant une grande partie du xvie siècle, en Normandie, la croix conférait au lieu sur lequel elle était élevée un caractère sacré ; elle en faisait un lieu d'asile. Aussi les magistrats séculiers ne permettaient que difficilement l'érection de croix, si ce n'est dans des lieux auxquels ce symbole n'attribuait pas une immunité nouvelle. Le même motif leur faisait interdire de *croiser* les maisons, à moins qu'elles ne fussent de *pure et franche aumône* (1).

La croix jouissant du droit d'asile, comprendrait-on qu'on en eût toléré une au lieu même où se faisaient les exécutions ? L'idée de planter la croix expiatoire dans le cimetière de la paroisse Saint-Sauveur se présentait naturellement à l'esprit ; un cimetière étant naturellement un lieu sacré, un lieu de franchise, on ne pouvait craindre de donner par là une extension nouvelle à un privilége que l'on n'était que trop porté à considérer comme abusif.

Cette croix dut disparaître, lorsqu'on fit la fontaine de Saint-Sauveur, puisque le plan de Le Lieur ne l'indique pas. Mais presque aussitôt après , on éleva au Marché-aux-Veaux la fontaine de la Pucelle.

Quant au nom du sculpteur auquel on devait ce monument, je dois convenir, non sans quelque regret, que jusqu'à ce jour, toutes les recherches que j'ai faites pour le découvrir ont été sans résultat.

(1) Voir mon *Essai sur l'asile religieux* et le *Style de procédure du temps de l'Échiquier*, publié par la Société des Antiquaires de Normandie.

APPENDICE.

I.

La statue de la place de la Pucelle est incontestablement l'œuvre de Paul-Ambroise Slodtz, sculpteur du roi, professeur de son académie de peinture et sculpture, dessinateur de son cabinet, qui l'exécuta d'après les dessins de Jean-Baptiste Descamps. M. Pottier le conclut un peu timidement du témoignage de Le Carpentier. S'il avait connu l'éloge de Paul et de Michel-Ange Slodtz par M. Du Boullay, conservé dans les archives de l'Académie de Rouen, il n'aurait pas eu l'ombre d'un doute. Nous croyons intéressant de rapporter ici le passage de cet éloge qui est relatif à la statue de la Pucelle :

« Le monument que nos pères avoient élevé à l'héroïne qui raffermit le trône de la monarchie française, étoit négligé et tomboit en ruine. Les ouvrages des arts destinés à immortaliser la gloire des vertus patriotiques ne peuvent estre indifférents à des magistrats qui en donnent eux-mesmes des exemples publics. Le Parlement de Normandie rendit un arrest pour le rétablissement de la statue de la Pucelle d'Orléans, et les officiers municipaux choisirent M. Paul Ambroise Slodtz pour l'exécuter.

« Il remplit l'attente qu'on en avoit conçue. La figure, *exposée au concours des connoisseurs dans la capitale du royaume*, mérita leurs suffrages. Elle répond parfaitement à l'idée qu'on aime à se former de ces personnages extraordinaires que des qualités supérieures ont élevés au-dessus de l'humanité. Son attitude noble et guerrière conserve cependant la modestie et les grâces qui conviennent à son sexe. La teste surtout réunit ces deux caractères. Les traits de son visage expriment ce genre de beauté dont les anciens étoient si grands admirateurs, parce que leurs âmes élevées dédaignoient, jusque dans les objets mesmes de leur amour, tout ce qui sembloit annoncer la mollesse et la volupté. »

Cependant, dans le projet de cet éloge, M. Du Boullay exprimait le regret « que les dépenses extraordinaires dans lesquelles l'Hôtel-de-Ville était engagé n'eussent pas permis de donner au monument de Jeanne Darc toute la magnificence que le sujet sembloit mériter. »

M. Du Boullay rappelle que la ville de Rouen devait encore au ciseau de Paul Slodtz, les figures du méridien de la Bourse, le médaillon du Roi qui en occupe le milieu, et les deux anges adorateurs en plomb doré du chœur de l'église de Saint-Ouen.

Les trois frères Slodtz, Antoine-Sébastien-René, Paul-Ambroise, René-Michel Slodtz, unis toute leur vie de la plus vive et de la plus touchante amitié, qui leur fit mettre en commun leur fortune et leur gloire, furent tour-à-tour associés de l'Académie de Rouen dans la classe des Arts. René-Michel, connu sous le nom de Michel-Ange est le plus célèbre. Il mourut de la même maladie que ses frères, le 29 octobre 1764.

L'arrêt du Parlement de Normandie auquel M. Du Boullay fait allusion est du 5 avril 1754. Il est ainsi conçu :

« Sur la remontrance du procureur général qu'il est informé par une rumeur publique que l'on aurait abattu un monument ancien et respectable dans le Marché-aux-Veaux de cette ville, représentant une figure de la Pucelle d'Orléans, placée sous le règne du roy Charles VII, par les ordres duquel ce monument avoit été élevé ; comme il pourroit arriver que l'on feroit une nouvelle construction dans la même place qui n'auroit point de relation à l'événement extraordinaire qui a occasionné cet édifice dont il est intéressant de conserver la mémoire,

« La Cour fait défense de faire aucune nouvelle construction audit lieu, qu'au préalable le plan ne lui ait été représenté aux fins d'être ordonné ce qu'il appartiendra. »

Il semble d'après cela que d'autres arrêts durent être rendus relativement à l'exécution du monument de la Pucelle. Malheureusement il résulte des recherches que M. Ed. Gosselin a bien voulu faire pour nous avec son obligeance habituelle, qu'il n'en est pas resté de traces dans les archives du Parlement.

Quoi qu'il en soit, cet accord entre l'Académie de Rouen, l'Hôtel-de-Ville, le Parlement de la Province pour honorer la mémoire de Jeanne d'Arc est un fait digne d'être noté. Il rend moins excusable la faute que commit Voltaire, en composant le poëme de la Pucelle.

II.

Quelques notes conservées dans les archives de l'Académie de Rouen me font croire qu'il y eut, en 1755, une sorte de concours ouvert dans cette Société alors à sa naissance pour les inscriptions à placer sur la nouvelle fontaine de la Pucelle. Un certain nombre d'inscriptions furent adressées à M. de Prémagny, secrétaire de l'Académie. Nous ne rapporterons que celles qui sont de l'écriture de l'abbé Saas.

« Première pièce de marbre. — Regnante Ludovico XV°. Procurantibus urbis splendorem etc... Amoto jam ruinoso, quod per annos circiter ducentos quadraginta steterat, Virginis Bellatricis monumento, novum istud eidem dedicatum poni curaverunt, anno reparatæ salutis humanæ millesimo septingentesimo quinquagesimo quinto.

2° Puellæ Regni Servatrici. — Joannæ Darciæ. divinitus adversus Anglos excitatæ, quæ post Aureliam obsidione liberatam, deductum per medios hostes ad Sacra Rhemensia Carolum VII, assertum eidem pluribus victoriis paternum solium, ad Compendium capta, Anglis vendita, in isto urbis angulo combusta, die XXX Maii anno MCCCCXXXI desiit vivere non triomphare. Cujus memoria, constitutis æquioribus à Calixto III. S P. judicibus, solemniter in hac civitate tunc libera, die VII Julii, anno M CCCC LVI, suæ integritati restituta est.

> *Nunc ubi fons, rogus ante fuit; furor anglicus olim*
> *Hic peperit flammas; hic dolor urbis aquas.*

3° Armes de la Pucelle à graver; au-dessous ces vers:

> *Regia virgineo defenditur ense corona;*
> *Lilia virgineo tuta sub ense nitent.*

—

Virgini Anglorum victrici.

Joannæ Darciæ, cœlitus ad tuendum Regnum excitatæ, quæ Aureliano obsidione liberato, plurimis urbibus receptis, reddita Gallis, erepta Anglis armorum prosperitate, firmato quod nutabat solio, hostium in manus delapsa, ignibus hic tradita, die... anno... vitam finivit non triumphos. Quam insontem et per summum nefas damnatam delegati à Calixto III. S. P. judices hac eadem in

civitate pronuntiarunt die... anno..... ut ibi scelus elueretur
ubi fuerat admissum.

Carmina inscribenda fonti Puellæ Aurelianensis.

Hic ubi Gallorum decus, Anglo judice, virgo
Succubuit flammis, currite semper aquæ.
Currite semper aquæ, flammas depellite; vester
Longior haud cursus quam dolor urbis erit.

Quæ periit flammis, nunc undis præsidet; ignis
Dedecus Anglorum est, urbis at unda decus.

Nunc ubi fons, rogus ante fuit; furor anglicus ignes
Progenuit, nostræ sed dolor urbis aquas.

En comparant ces inscriptions avec celles qui furent adoptées
en 1755, et qui ont été rétablies il y a peu d'années, on voit que
la deuxième inscription de Saas fut la seule qui fut approuvée, et
encore l'Académie y fit-elle quelques changements.

III.

L'impression de ce mémoire était achevée, lorsque M. Bouquet
a eu l'obligeance de me signaler, dans un ouvrage récemment
paru : *Procès et condamnation de Jeanne Darc*, par M. Vallet (de
Viriville), une planche qui représente le supplice de Jeanne
d'après une miniature du xvie siècle. Il m'a lui-même fait
remarquer la conformité qui existe entre cette représentation et le
système que je propose, et que, pour sa part, il n'a pas hésité à
adopter. La place figurée est évidemment le Vieux-Marché ; le
bûcher occupe l'endroit où se faisaient d'ordinaire les exécutions
capitales ; derrière, on voit l'Eglise Saint-Sauveur ; à gauche, les
halles, et au-delà des halles, l'église Saint-Michel. Qu'il n'y ait
pas dans cette représentation une *exactitude historique* parfaite,
je ne fais aucune difficulté de le reconnaître avec M. Vallet (de
Viriville), mais les monuments qui y sont figurés, dont l'emplacement est indiqué d'une manière exacte, prouvent que ce
n'est pas non plus une œuvre de pure imagination. Assurément,
le peintre, auteur de cette miniature, connaissait le Vieux-Marché
et avait consulté les traditions.